L'UNION FRATERNELLE

SOCIÉTÉ D'AMIS

Fondée à Paris, le 11 janvier 1871

ADMISSION N° 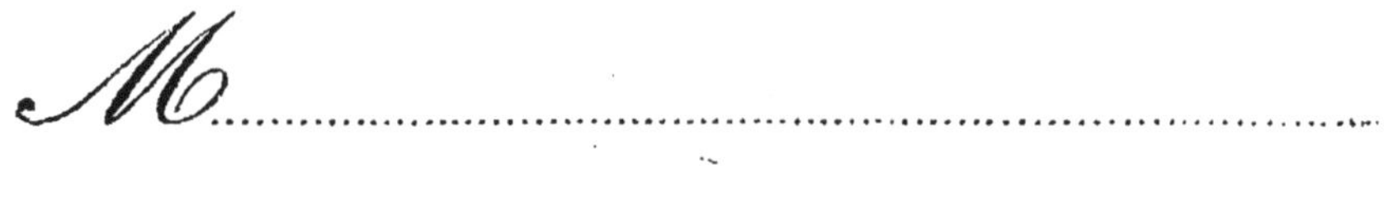

M. ....

....

L'UNION FRATERNELLE

SOCIÉTÉ D'AMIS

—

FONDÉE A PARIS, LE 11 JANVIER 1871

—

Admission N°＿＿＿＿＿

M. ＿＿＿＿＿＿＿＿＿＿＿＿＿＿＿＿

＿＿＿＿＿＿＿＿＿＿ n° ＿＿＿

＝•°§°•＝

PARIS

TYPOGRAPHIE ADOLPHE LAINÉ

Rue des Saints-Pères, 19.

1871

COMITÉ ADMINISTRATIF.

———

Président :   M. LIZOT, rue du Caire, 10.
Vice-président : M. DE BLOIS, rue de Mulhouse, 11.
Secrétaire :   M. DAMPT, rue Poissonnière, 15.
Trésorier :   M. COUDRET, rue du Sentier, 26.

ADMINISTRATEURS :

MM. COIFIER, rue de Mulhouse, 11.
    HOUZÉ, rue de Mulhouse, 11.
    BERNARD, rue Poissonnière, 9.
    CHAZELON, rue des Jeûneurs, 3.

CERTIFICAT D'ADMISSION.

—

Nous soussignés, membres du Comité administratif de l'UNION FRATERNELLE,

certifions que M.______

______

profession de______

né le______18

département de______

demeurant______

a été admis au nombre de ses membres, en foi de quoi nous lui avons délivré le présent.

Paris, le______

POUR LES MEMBRES DU COMITÉ ADMINISTRATIF ⋙

Le Président,

A notre dernière garde aux remparts, nous avions avec plusieurs de nos collègues formulé les statuts qui pouvaient recevoir votre adhésion pour la Société que nous devons fonder.

Notre excellent capitaine, M. James, dont l'activité et le dévouement à notre compagnie vous sont connus, s'occupait de son côté des conditions de notre Société.

Quand il nous fit part de ses projets et du caractère qu'il voulait donner à l'œuvre pour laquelle nous venons vous demander votre concours, je reconnus que ses idées étaient supérieures aux nôtres en ce que nous nous étions occupés seulement du côté matériel : secours en argent ou en nature ; et que M. JAMES, donnant une acception plus large et un caractère plus élevé à notre Société, demandait que nous nous venions en aide par tous les moyens possibles, et que, à côté des secours en argent, la Société s'occupât surtout de trouver travail ou emploi à ceux de nous qui en avaient besoin, de les aider de ses conseils et de faire ce qu'elle pourrait pour l'instruction des enfants des sociétaires et plus tard pour leur placement. Enfin faire œuvre de charité, non pas seulement sous le sens restreint du mot, mais dans son acception la plus large, la plus élevée et la plus intelligente.

Notre Société se fonde à une époque et dans des circonstances toutes exceptionnelles ; rien d'étonnant donc qu'elle ait aussi un caractère tout exceptionnel.

Dans presque toutes les Sociétés, et surtout dans les Sociétés locales et composées d'un nombre assez restreint d'adhérents, il existe une certaine homogénéité de fortune ou de profession ; l'élément qui les compose est presque uniforme.

Elles réunissent des ouvriers d'une même industrie, des artistes, des commerçants ou des employés.

De là peut-être plus de facilité dans les relations.

Il faut donc aujourd'hui que ce qui pourrait nous paraître un obstacle soit au contraire un progrès ;

Que ces éléments divers, comme profession, comme fortune, nous viennent en aide au lieu de nous désunir.

Il faut enfin que cette Société fasse plus que de nous réunir, il faut qu'elle nous unisse.

Et jamais époque fut-elle plus propice à la fondation de cette Société que l'époque actuelle ?

Un grand pas est déjà fait. Nous avons, par les relations continuelles qui nous sont créées, les gardes, les exercices, les réunions, appris à nous connaître, à vivre ensemble; et cette fraternité, cette communion d'idées que nous verrions avec plaisir se consacrer solidement par la fondation de notre Société, n'a-t-elle pas déjà commencé?

Dans un moment comme celui que nous traversons, quand Paris est menacé de l'invasion des hordes de barbares qui l'assiégent, quand des femmes et des enfants inoffensifs sont mortellement frappés;

Alors dans un but commun toutes les mains s'unissent, tous les cœurs s'élèvent et toutes les inégalités sociales disparaissent.

Notre désir est, le pays étant délivré de l'invasion, que ce qui a fait naître les causes les conserve, et que notre Société reste debout dans les mêmes idées et dans les mêmes principes.

Peut-être posons-nous les premiers jalons d'une route que d'autres suivront; c'est là notre désir, c'est aussi notre ambition.

Nous serions heureux de voir aujourd'hui parmi nous nos camarades des compagnies de marche;

mais une grande pensée doit nous consoler, c'est qu'ils tiennent haut et ferme le drapeau de la France, et que bientôt sans doute nous pourrons nous réunir de nouveau et saluer avec eux la délivrance de la France et sa régénération. ·

FRANCIS DAMPT.

Paris, 11 janvier 1871.

Paris, 11 janvier 1871.

Sous le gouvernement de la République et après la formation de la garde nationale, constituée pour la défense du pays;

Dans un sentiment de concorde, et pour resserrer les liens qui les unissent déjà, des citoyens de la 7e compagnie du 148e bataillon de la garde nationale ont résolu de fonder entre eux une Société d'amis, Société libre, ayant pour titre :

L'UNION FRATERNELLE

SOCIÉTÉ D'AMIS.

CHAPITRE PREMIER.

But de la Société.

ARTICLE PREMIER.

La Société a pour but :
1° De protéger les faibles ;
2° D'encourager la vertu et de corriger le vice ;
3° En même temps que, selon la mesure de ses ressources, elle accorde des dons en argent ou en nature à ceux de ses membres qui sont dans le besoin, elle use de toute son influence pour procurer travail ou emploi soit à eux, soit aux leurs.

CHAPITRE II.

Conditions d'admission ou d'exclusion.

ART. 2.

Pour être admis dans la Société il faut faire partie de la 7ᵉ compagnie du 148ᵉ bataillon, exercer une profession honorable dans l'ordre social, et remplir fidèlement ses devoirs de citoyen et de garde national.

Art. 3.

Les citoyens étrangers à la compagnie pourront être admis dans la Société. Ils devront être présentés au Comité, qui statuera, par deux membres adhérents, lors de la fondation.

Art. 4.

Chaque sociétaire, après avoir pris connaissance des présents statuts, appose sa signature en regard de son nom sur le registre contrôle. Cet acte constitue son admission et l'engagement qu'il prend de remplir fidèlement ses devoirs de sociétaire.

Art. 5.

Les citoyens ayant appartenu à l'ancienne 3ᵉ compagnie aujourd'hui 7ᵉ, et qui font actuellement partie des compagnies de guerre, pourront, sur leur demande, être admis dans la Société ; leur admission sera d'autant mieux accueillie, qu'ils ont laissé parmi leurs anciens camarades des *souvenirs impérissables d'estime et de considération.*

Art. 6.

Chaque membre pourra à sa volonté quitter la Société ; mais il devra, en payant sa dernière cotisation un mois à l'avance, prévenir le président en lui faisant connaître les motifs qui l'ont forcé à prendre cette détermination.

Les fonds versés par les sociétaires démissionnaires restent de droit acquis à la Société.

Cesseront de droit de faire partie de la Société :

1° Les membres qui n'auront pas acquitté leur cotisation pendant deux mois, à moins que ce retard ne soit occasionné par une circonstance indépendante de la volonté du sociétaire ;

2° Pour condamnation infamante ;

3° Pour préjudice causé volontairement aux intérêts de la Société ;

4° Pour conduite déréglée et scandaleuse, et principalement pour **ivrognerie ;**

5° Pour avoir sciemment insulté ou provoqué, par menaces ou mauvais propos, un ou plusieurs membres de la Société ;

6° Pour avoir cherché à nuire à la réputation d'un ou de plusieurs sociétaires, soit par calomnie, délation ou excitation à la haine ou au mépris.

L'UNION FRATERNELLE ayant pour devise : *Aimons-nous les uns les autres,* ses membres ne doivent pas oublier les marques d'estime et de considération qu'ils doivent observer à l'égard des frères d'une même famille.

ART. 7.

L'exclusion est prononcée en assemblée générale, au scrutin, sur la proposition du Comité.

Art. 8.

Sauf le cas de condamnation infamante, le sociétaire dont l'exclusion est proposée sera invité à se présenter devant le Comité pour être entendu sur les faits qui lui sont imputés.

Art. 9.

En cas d'exclusion d'un sociétaire, les fonds versés par lui restent acquis à la Société.

CHAPITRE III.

Administration. — Service des délégués.

Art. 10.

L'administration de la Société est confiée à un Comité composé de : un président, un vice-président, un secrétaire, un trésorier, et un administrateur par vingt-cinq sociétaires.

Art. 11.

Le président et les membres du Comité sont élus au scrutin et à la majorité absolue des sociétaires présents.

Leur mandat est d'un an; ils sont indéfiniment rééligibles.

ART. 12.

Les membres du Comité doivent de préférence être choisis parmi les sociétaires dont les lumières et le dévouement peuvent être utiles à la prospérité de la Société, et à lui faire atteindre son but tout humanitaire et essentiellement fraternel.

ART. 13.

Aucune pression ni influence ne devant être exercée dans la Société, MM. les officiers ne pourront faire partie du Comité administratif.

ART. 14.

Le président assure et surveille l'exécution des statuts; il signe tous les actes et délibérations, et représente la Société dans tous ses rapports.

ART. 15.

Le vice-président remplace au besoin le président, qui peut lui déléguer tous ses pouvoirs.

ART. 16.

Le Comité administre la Société.

ART. 17.

Le secrétaire est chargé de la rédaction des procès-verbaux, de la correspondance et de la conservation des archives.

Art. 18.

Le trésorier reçoit mensuellement, par l'entremise des administrateurs, les cotisations des sociétaires.

Sur un mandat signé du président, il délivre aux membres participants des secours en argent dont la fixation est déterminée par le Comité administratif.

Il tient un registre coté et paraphé par le président, par *Avoir* et *Doit* des recettes et des dépenses de la Société. Les comptes sont arrêtés à la fin de chaque mois et paraphés par les membres du Comité.

Le trésorier tient en outre un registre-contrôle d'admission des membres sociétaires.

Il fait remettre par les administrateurs à chaque membre participant un reçu détaché du livre à souche à ce destiné, constatant le paiement de leur cotisation.

Il présente à chaque assemblée générale un rapport contenant la situation financière de la Société, et rend compte de l'emploi des fonds versés par les sociétaires.

Art. 19.

Les administrateurs délégués reçoivent de leurs administrés les cotisations mensuelles; ils en versent le montant entre les mains du trésorier, qui est tenu de leur en donner quittance; ils rendent compte de ceux des sociétaires qui, pour un motif quelconque, n'ont pu remplir leur engagement.

Ils ont en outre pour mission de visiter les sociétaires qui ont adressé des demandes de secours, et de s'assurer si ces demandes sont légitimement fondées.

Ils doivent, par tous les moyens de bons procédés et de bienveillance possibles, s'enquérir de la situation de leurs administrés, et employer tous les ménagements voulus pour faire comprendre à ceux qui, par un sentiment de délicatesse ou d'amour-propre, n'oseraient recourir à la Société, qu'il n'y a rien d'humiliant à s'adresser à des frères unis dans le but de soulager selon leurs ressources toutes les infortunes de la famille.

Toute demande de secours ou de protection doit être adressée par lettre au président de la Société.

Art. 20.

La Société se réunit en assemblée générale le premier dimanche de février et le premier dimanche d'août de chaque année, pour entendre les rapports sur sa situation et pour prononcer sur les questions qui lui seront soumises par le Comité.

Aucune décision ne pourra être prise si les trois quarts des sociétaires ne sont présents à l'assemblée générale.

Le président devra convoquer d'office l'assemblée générale sur la demande de vingt-cinq membres; il peut aussi la convoquer sur la demande du comité.

ART. 21.

Le Comité se réunit par quinzaine, à jour fixe, et chaque fois qu'il est convoqué par le président.

Le membre du Comité accusé d'indifférence ou de négligence pourra, sur la demande de l'assemblée administrative, être révoqué par le président.

CHAPITRE IV.

Des obligations envers la Société.

ART. 22.

Chaque sociétaire s'engage à verser ses cotisations comme suit :

1° En donnant son adhésion aux présents statuts et en signant son acte d'admission :   1 fr. 50.

Cette somme constitue le fonds de caisse de la Société, destiné à soulager les premières infortunes des sociétaires et à subvenir aux frais généraux, qui seront aussi restreints que possible.

2° A payer à l'avance, dans la première huitaine de chaque mois, une cotisation mensuelle de 1 fr.

Art. 23.

Lorsque les sociétaires appartenant aux compagnies de marche seront hors Paris pour prendre part aux opérations militaires, il est bien entendu qu'ils ne seront pas tenus de verser leur cotisation à l'époque déterminée ci-dessus. Il leur sera facultatif de se liquider, soit à leur retour, soit dans les deux premiers mois qui suivront leur rentrée; la même facilité est accordée aux sociétaires voyageant pour le commerce, etc.

Art. 24.

Chaque sociétaire s'engage en outre à se rendre très-exactement aux assemblées générales prescrites à l'art. 20. Toute infraction non motivée au présent article sera passible d'un amende de 2 fr., qui sera versée à la caisse de la Société.

CHAPITRE V.

Des obligations de la Société envers ses membres.

Art. 25.

En cas de décès d'un membre de la Société, une députation de sociétaires est convoquée par les soins du comité pour assister aux funérailles.

Art. 26.

Ainsi qu'il est dit à l'article 1er, la Société accorde à ceux de ses membres qui sont dans le besoin une indemnité fixée par le comité administratif.

Sa sollicitude doit surtout se porter sur les sociétaires laborieux qui seraient éprouvés par les maladies.

Art. 27.

Aucun secours n'est dû pour les maladies causées par la débauche ou par l'intempérance, ni pour les blessures reçues dans les rixes, quand il a été prouvé au Comité que le sociétaire était l'agresseur.

Art. 28.

Quelle que soit la position d'un sociétaire demandeur, rien ne lui sera accordé s'il est constaté que les secours qu'il réclame ont pour but de l'aider à vivre dans la paresse.

Art. 29.

Tout sociétaire secouru cessera de recevoir une indemnité, s'il est reconnu que les fonds qu'il reçoit sont destinés soit au jeu, soit à la fréquentation des cafés ou cabarets.

CHAPITRE VI.

Fonds social.

ART. 30.

Le fonds social se compose :
1° Des versements des sociétaires;
2° Des dons faits par toutes les personnes qui voudront bien prendre part à l'œuvre de la Société. Chacun étant libre d'encourager l'Institution, il sera dans ce cas dérogé au paragraphe 1er de l'art. 2 des présents statuts.

ART. 31.

Chaque personne qui, par ses dons, ses souscriptions, ses conseils, ses lumières, aura contribué à la prospérité et au progrès de l'Association, prendra le titre de *membre protecteur*.

ART. 32.

A chaque assemblée générale, les noms des *membres protecteurs* seront rappelés au souvenir des sociétaires; il leur sera voté un sympathique hommage de reconnaissance pour avoir encouragé la Société à persévérer dans le bien et à venir en aide à ses semblables.

ART. 33.

Le Comité ne pourra, dans le courant d'un mois,

disposer que des trois quarts de son dernier restant
en caisse; l'autre quart constituera le fonds de ré-
serve, qui restera entre les mains du trésorier.

Art. 34.

Dans le cas où, par suite de dons, souscriptions, etc., la caisse se trouverait posséder un avoir
au-dessus de deux fois le montant des versements
mensuels des sociétaires, il sera statué par le Comité administratif sur l'usage à faire de l'excédant,
qui sera toujours employé au bénéfice de la Société.

CHAPITRE VII.

Modification. — Dissolution. — Liquidation.

Art. 35.

Toute modification aux statuts ou règlement devra être soumise d'abord au Comité, qui juge s'il
doit y donner suite.

Elle devra être proposée par dix membres au
moins pour qu'elle puisse être adoptée. Dans tous
les cas, la décision provisoire du Comité devra être
portée à la connaissance de la Société lors de la
première assemblée générale.

Si l'amendement était proposé par vingt-cinq
membres, l'assemblée générale devra être convoquée immédiatement, comme il est dit à l'art. 20,
§ 3.

Art. 36.

Tout sociétaire qui, le jour de l'assemblée générale, voudrait adresser une question ou une proposition, devra la soumettre au président trois jours au moins avant la convocation de l'assemblée générale.

Art. 37.

Aucune modification ne pourra être admise qu'à la majorité des membres présents à l'assemblée et au tiers des membres dont la présence à Paris sera constatée.

Art. 38.

Les statuts de la Société, ainsi que les modifications auxdits statuts, doivent être approuvés ou rejetés par *oui* ou par *non*, au scrutin, en assemblée générale.

Art. 39.

La Société peut se dissoudre d'elle-même; la dissolution ne peut être prononcée qu'en assemblée générale spécialement convoquée à cet effet, et par un nombre de voix égal aux deux tiers des membres inscrits.

Art. 40.

En cas de dissolution de la Société, la liquidation s'opère en assemble générale par un vote au

scrutin par *oui* ou par *non*. Le fonds social est ré-
parti soit entre tous les sociétaires inscrits au jour
de la liquidation, soit proportionnellement au bénéfice et selon les besoins des sociétaires infor-
tunés.

CHAPITRE VIII.

Révision des statuts.

ART. 41.

Les présents statuts seront soumis à la révision
en assemblée générale à l'expiration de la deuxième
année de l'existence de la Société. La première révision aura lieu le premier dimanche de février
1873.

LE COMITÉ D'INITIATIVE.

Président . . . . . JAMES, capitaine.

Membres du comité { LIZOT.
H. HOUZÉ.
Francis DAMPT.
J. COUBRET.
COIFIER.
Ch. DELON.

9 782014 098969